AF330440

DU

POUVOIR CONSTITUANT

DE L'ASSEMBLÉE NATIONALE

RÉPONSE

A

M. ÉD. LABOULAYE

DÉPUTÉ

PAR M. BERTAULD

DÉPUTÉ

PARIS

COSSE, MARCHAL ET BILLARD
LIBRAIRES DE LA COUR DE CASSATION
Place Dauphine, 27

E. DENTU, ÉDITEUR
PALAIS-ROYAL
Galerie d'Orléans, 13 et 19

1871

RÉPONSE A M. ÉD. LABOULAYE

Vous vous êtes décidé à publier entre deux sessions, dans le numéro du 15 octobre de la *Revue des Deux-Mondes*, une étude politique à laquelle votre nom et votre qualité de député donnent une sérieuse importance. La discussion à laquelle vous vous livrez semble avoir pour objet de mettre en question l'étendue et la nature de nos communs pouvoirs ; votre conclusion nie ce que l'Assemblée a affirmé par une majorité de 491 voix contre 94, dans une des résolutions qui ont le plus préoccupé l'opinion publique.

La controverse que vous engagez offre aujourd'hui un intérêt considérable. La théorie dont vous entreprenez l'exposé et la défense renferme à mes yeux une part de vérité, sans doute, mais une plus grande part d'erreur.

Je voudrais, monsieur et honoré collègue, essayer de faire le triage.

Si vos idées se fussent produites à la tribune, vous m'eussiez rencontré au nombre de vos contradicteurs ; et sur un des points principaux j'aurais eu l'avantage de parler devant des juges peu disposés à se déjuger.

Vous avez pris la plume avec l'espérance que vos lecteurs ne vous opposeraient aucune fin de non-recevoir ; je comprends cette espérance ; le public, en effet, veut aller au fond des choses, et il ne se laisse pas détourner facilement par des exceptions.

cette première idée pour contester votre conclusion. Lorsqu'une révolution a renversé les pouvoirs constitués, lorsque toutes les institutions qui se partageaient la tâche du gouvernement sont tombées et détruites, à qui appartiendra le droit ou du moins à qui sera dévolue la mission de constituer des pouvoirs nouveaux ? Vous me répondrez : Au peuple ; mais vous êtes le premier à déclarer que dans le peuple le droit de suffrage n'appartient pas à tous, que les femmes, que les mineurs ne votent pas, et qu'il n'est pas déraisonnable d'exclure de toute participation à l'exercice de la souveraineté ceux qui ne participent pas aux charges communes, ceux sur lesquels des condamnations judiciaires font peser une indignité. Qui donc dans ce cas déterminera les conditions de l'électorat ? L'ancienne constitution ? Mais elle a péri, et ce n'est pas pour la faire revivre qu'on fait appel au pouvoir constituant. Si l'unique pouvoir constituant est le peuple, le peuple souverain, comment déterminer les conditions de l'appel qui lui sera fait, les conditions d'admissibilité au vote, les conditions de l'éligibilité, l'objet précis de l'élection ? Comment méconnaître, que pour obtenir un pouvoir constitué, il faille de toute nécessité, dans ce système, une constitution préexistante qui signale et organise le pouvoir constituant ?

Royer-Collard, dont vous ne récuserez pas l'autorité, a dit avec autant de vérité que d'heureuse concision d'expression : « Il n'y a dans ce monde que deux pouvoirs constituants : la conquête et les révolutions. » Oui, quand une force extérieure ou intérieure a entraîné la chute des pouvoirs constitués et que sur leurs ruines s'élève ou un pouvoir qui se constitue lui-même à titre définitif, en s'imposant, ou un pouvoir provisoire intérimaire qui, en réglementant le suffrage, met le pays en demeure de se prononcer par lui-même ou par ses représentants sur ses destinées, il y a dans l'un et l'autre cas un fait plus ou moins irrégulier qui précède et facilite la naissance du droit. Dans l'un et l'autre cas, l'existence du pouvoir constituant suppose un antécédent, un moteur qui lui donne le branle.

Que s'il n'y a pas de révolution, pourquoi les pouvoirs constitués, s'ils jugent que la révision s'impose comme un besoin, ne se chargeraient-ils pas de l'opérer? Ils se réformeraient, dites-vous, eux-mêmes ; mais précisément cette circonstance qu'ils reconnaissent qu'une réforme qui doit les atteindre est nécessaire, est un témoignage que la nécessité est une nécessité réelle.

Objecteriez-vous que les pouvoirs constitués céderont peut-être à la tentation de s'agrandir et, sous prétexte de révision, inclineront au despotisme? La garantie contre cet abus n'est pas dans la négation de toute possibilité d'action de leur part sur la constitution; elle est, elle doit être dans une distribution telle des pouvoirs constitués qu'un concert entre eux contre les droits que toute constitution doit protéger soit invraisemblable et moralement impossible. Il y a, — et vous le reconnaissez, — des principes qui sont trop entrés dans nos lois et dans nos mœurs pour qu'ils en puissent sortir. Qu'ils tirent ou ne tirent pas leur nom de la date de leur avénement, qu'on les appelle ou qu'on ne les appelle pas les principes de 1789, ils constituent la liberté, c'est-à-dire la part de souveraineté dont l'État ne saurait sans usurpation s'enrichir aux dépens des gouvernés. Qu'un des pouvoirs vise à s'accroître par un empiétement sur un autre pouvoir, la chose s'est vue, et c'est une chance attachée à l'imperfection des institutions humaines. Mais une conspiration organisée entre tous les pouvoirs constitués pour sacrifier la liberté dont la garde leur est confiée, c'est une éventualité trop exceptionnelle pour être considérée comme bien périlleuse; si elle se réalisait, le dernier et suprême recours du peuple, la révolution, deviendrait un droit.

Vous supposez que la théorie du pouvoir constituant, telle qu'on l'a conçue en 1789, telle que la comprennent les publicistes dont vous entreprenez la réfutation, reconnaît une souveraineté absolue aux constituants.

Cette supposition est très-gratuite. Aucune souveraineté humaine n'est illimitée. Personne ne nie que la toute-puissance soit mauvaise conseillère ; elle n'appartient ni à un homme, ni à une assemblée, ni même à deux assemblées qui peuvent oublier leur devoir de mutuel contrôle pour se concilier dans un intérêt d'oppression.

Vous ne contestez pas qu'en Angleterre le Parlement, — et il comprend la royauté et les deux chambres, — est chargé d'entretenir, de réparer et d'approprier aux besoins nouveaux l'édifice constitutionnel. Aurait-il le pouvoir de renverser cet édifice? Vous en doutez.

Assurément, le Parlement n'aura ni la volonté, ni la tentation d'un renversement. Oui, l'Anglais a de la tradition le souci qui nous manque ; oui, son esprit de conservation, de modération, est une garantie qu'il n'y aura pas de changement brusque, que les modifications seront au contraire lentes, successives, qu'en un mot, la réforme sera une œuvre de rajeunissement, non de destruction.

Je vous accorde tout cela. Je vous accorde encore que le Parlement anglais est plus enclin à suivre l'opinion qu'à la violenter, et, sans aller jusqu'à dire avec vous qu'il n'est qu'une chambre d'enregistrement, je sais qu'il tient grand compte de la voix du pays parlant par ses pétitions, ses meetings et ses journaux. Mais la question est entre nous de savoir, non si les pouvoirs constitués exerceront, chez tel ou tel peuple, le pouvoir constituant, dans des conditions plus ou moins favorables, mais bien s'il y a incompatibilité entre les deux pouvoirs.

Si la furie française, — je reproduis votre expression, — passe du jour au lendemain de la monarchie à la république, pour sauter de la république à l'empire, elle n'aura pas moins, elle aura plus d'action sur un pouvoir constituant distinct du pouvoir constitué que sur les pouvoirs constitués se transformant en pouvoirs constituants.

Je ne suis donc guère touché de cette observation pour nous peu flatteuse , que je rencontre sous votre plume brillante et incisive : « Si l'on saisit cette différence d'esprit, de mœurs, d'usages, on sentira qu'en Angleterre il est sans danger de laisser au Parlement le soin de modifier insensiblement la constitution, tandis qu'en France, le droit de révision, attribué en temps ordinaire au chef de l'État et aux deux chambres ne ferait que surexciter la Chambre des députés, et la mettrait sans cesse aux prises avec le reste du Gouvernement. La réforme de la constitution ne serait qu'un moyen d'opposition, qu'une arme de combat. En Angleterre, pour qui va au fond des choses, c'est la nation seule qui a le droit de toucher à la constitution, et c'est là le vrai principe ; en France, ce seraient les députés qui, sans mandat spécial, sortiraient à chaque instant de la constitution, hors de laquelle ils ne sont rien, et déchaîneraient à leur gré la tempête, afin de satisfaire une ambition misérable. Pour faire pièce à un ministre, l'opposition demanderait la révision du pacte fondamental, et mettrait en jeu la fortune du pays. Ce qui est en Angleterre une institution conservatrice serait en France un instrument de révolution. »

Je me borne à constater qu'en Angleterre, c'est le Parlement qui est chargé d'infuser l'esprit nouveau ; c'est lui qui a le droit de toucher à ces libertés, dont des nécessités variables peuvent faire varier la forme et l'étendue, mais qui sont trop enracinées pour courir des chances de destruction.

Il est vrai qu'aux États-Unis, la révision de la constitution n'est pas, en général, l'œuvre de la législature ; mais les deux chambres de l'État ont, du moins, un droit d'initiative ; elles consultent les électeurs sur l'opportunité de la convocation d'une Assemblée de réformation. S'ils s'ont d'avis de la convocation, ils nomment une Convention.

L'Assemblée élue rédige un projet qui est soumis à la ratification du peuple.

Cette procédure est quelquefois simplifiée. Les deux chambres votent directement les amendements constitutionnels, qui sont ensuite publiés trois mois avant les nouvelles élections. Les électeurs, ainsi avertis, nomment les députés, qui auront à se prononcer sur les amendements.

Pour répondre à l'autorité des lois de l'Union, je n'ai besoin que de me rappeler votre réponse à l'autorité de la constitution anglaise.

Ce qui réussit en Angleterre, avez-vous dit, ne doit pas, nécessairement, réussir en France ; je vous réponds que les Français pourraient bien ne pas s'accommoder des méthodes constitutionnelles qui conviennent aux Américains.

Est-ce bien quand des esprits sérieux conçoivent des doutes sur la valeur du suffrage universel appliqué aux personnes, aux gouvernants, qu'il serait prudent de l'étendre aux institutions? Les plébiscites constitutionnellement employés comme instruments de révision auraient-ils plus que les plébiscites extra-constitutionnels qui sont dans nos souvenirs, la puissance d'engendrer la stabilité et d'exclure la violence des procédés révolutionnaires?

Mais revenons à la question de principe. Les questions d'à-propos et les exemples empruntés aux constitutions étrangères nous en écartent.

Le point en litige est celui-ci : Le pouvoir constituant peut-il coexister à côté, ou, plutôt, au-dessus des pouvoirs constitués ? Quand la souveraineté, c'est-à-dire le pouvoir de commander en dernier ressort, a été organisée, reste-t-elle sous la menace incessante d'un pouvoir supérieur, maître à toute heure de la briser, pour la reconstruire sur de nouvelles bases ? Est-ce que la souveraineté qui relèverait d'une juridiction officielle quelconque en ce monde ne cesserait pas d'être la souveraineté ?

La souveraineté une fois organisée dans une société ne peut mourir que d'une mort violente, ou, du moins, par accident ; c'est bien là l'idée que Royer-Collard a traduite dans son ferme langage. Tant que les pouvoirs constitués, comme dépositaires de la souveraineté, vivent, ils commandent sans appel. S'ils succombent sous le coup de quelque événement, comme la société politique se dissoudrait, s'il y avait interruption dans l'exercice de la souveraineté, de nouveaux pouvoirs s'établissent ou sont établis. Dans le travail de réorganisation qui suit l'écroulement des anciens pouvoirs constitués, il y a une place pour le suffrage constituant du peuple. Mais l'œuvre de la nouvelle constitution une fois achevée, le suffrage n'intervient que pour recruter le personnel qui a le dépôt des pouvoirs qu'elle a créés.

Sans doute, la constitution peut ménager au peuple, en le réglementant à l'avance, le droit d'intervenir pour exprimer un vœu de révision ou pour ratifier une révision accomplie. Ce qu'il faut bien remarquer, c'est que cette intervention n'est ni de l'*essence* ni de la *nature* d'une constitution libérale ; elle est, pour employer notre vocabulaire de juristes, *accidentelle;* elle a besoin d'être prévue, stipulée pour être régulière. Dans ce cas, elle est une condition d'existence inhérente au pouvoir constitutionnel; elle opère, non pas comme force constituante, mais comme force constituée.

Nous trouvons des dispositions qui ont ce caractère de prévoyance dans le titre VII de la constitution du 3 septembre 1791, dans les art. 115, 116, 117 de la constitution du 24 juin 1793, et dans le titre XIII de la constitution du 5 fructidor an III.

Les idées que je défends sont à vos yeux le résultat d'un préjugé révolutionnaire; et ce n'est pas, ajoutez-vous, chose aisée pour un Français de renoncer aux préjugés de ce genre.

Je prétends, au contraire, que c'est votre théorie qui est la théorie révolutionnaire.

Le 10 août 1791, à l'Assemblée constituante, Pétion disait : « Le Parlement d'Angleterre et les écrivains qui lui sont dévoués soutiennent que le Parlement et le roi ont, dans tous les temps, non-seulement le pouvoir constitué, mais encore le pouvoir constituant. De là, il est évident qu'en Angleterre la souveraineté de la nation se trouve aliénée, et cette usurpation n'aurait pas lieu si le peuple se persuadait bien que la souveraineté est indélégable. Une fois que de pareilles erreurs s'introduisent chez une nation, elle ne peut plus recouvrer sa liberté que par une insurrection, et une insurrection est un phénomène dans la nature. »

Ce langage, Monsieur et honoré collègue, est bien le vôtre; un de vos axiomes, c'est que la souveraineté ne se délègue pas.

Vous avez pour vous Pétion; j'ai pour moi Portalis l'ancien, le duc de Broglie, M. Guizot, M. Thiers.

Ecoutons Portalis l'ancien : « On parle du pouvoir constituant comme s'il était toujours présent. Quand la constitution d'un peuple est établie, le pouvoir constituant disparaît. C'est la parole du Créateur qui commande une fois pour gouverner toujours ; c'est sa main toute-puissante qui se repose pour laisser agir les causes secondes après avoir donné le mouvement et la vie à tout ce qui existe. » Le duc de Broglie n'est pas moins explicite : « Est-ce qu'il existe en France deux gouvernements, l'un manifeste et l'autre occulte ; l'un placé sur le devant de la scène, agissant sous le bon plaisir de l'autre ; l'autre sommeillant dans un lointain mystérieux, mais toujours prêt à se réveiller ? Est-ce que la charte de 1830 aurait à son tour quelque article à double entente, tenant en réserve, pour les chances de l'avenir, quelque chose de supérieur à la charte elle-même et aux autorités qu'elle institue ?... En appeler de la souveraineté fondée et réglée par la charte à quelque autre souveraineté, c'est en appeler au nombre, à la force brutale ; c'est prétendre organiser le désordre même et réaliser le néant. »

La parole de M. Guizot a encore plus d'éclat : « Si l'on prétend qu'il existe ou qu'il doit exister au sein de la société deux pouvoirs, l'un ordinaire, l'autre extraordinaire ; l'un constitutionnel, l'autre constituant ; l'un pour les jours ouvrables (passez-moi cette expression), l'autre pour les jours fériés ; on dit une chose inouïe, pleine de dangers et fatale. Le gouvernement constitutionnel, c'est la souveraineté sociale organisée. Hors de là, il n'y a que les sociétés flottantes au hasard, aux prises avec les chances d'une révolution. On n'organise pas les révolutions ; on ne leur assigne pas leur plan et leurs procédés légaux dans le cours irrégulier des affaires de la société. Aucun pouvoir humain ne pourvoit à de tels événements, ils appartiennent à un plus grand maître ; Dieu seul en dispose ; et quand ils éclatent, Dieu emploie pour reconstituer la société les instruments les plus divers. »

« La souveraineté nationale, a dit M. Thiers, c'est la souveraineté du roi et des deux chambres faisant la loi, exprimant la volonté nationale ; je n'en connais pas d'autre. »

Puisque nous parlons de préjugés révolutionnaires, permettez-moi de vous dire qu'à mon sens vous en accréditez un des plus graves, lorsque vous assimilez les députés à des mandataires dont tout le droit n'est qu'un droit d'emprunt, le droit de leurs mandants.

Les députés ont un droit propre ; ils ne sont pas les truchements d'une pensée qui n'est pas la leur. Ils sont élus pour obéir à leur propre jugement et non au jugement de leurs électeurs. Ils sont chargés de rechercher et de faire prévaloir la règle qui, en justice et en raison, doit présider aux rapports sociaux. Ne dites pas que les électeurs se sont donné des serviteurs et non des maîtres. Sans doute ils ne se sont pas donné des maîtres ; mais ils ont cédé à cette impérieuse nécessité de conservation qui fait de l'existence d'un gouvernement la condition de toute société. Ils se sont soumis, non pas à des volontés qui pourraient être arbitraires, capricieuses, mais à une loi qui serait reconnue comme l'expression la moins imparfaite du droit. Ils ont ou directement nommé des gouvernants, ou, ce qui arrive le plus souvent, nommé ceux qui choisiraient tantôt la forme du gouvernement et les gouvernants, tantôt seulement les gouvernants. Ils ne se sont pas réservé le droit de commander à ceux auxquels ils ont confié le commandement ; ils n'ont pas promis d'obéir aux gouvernants à la condition contradictoire que ce serait à eux gouvernés que les gouvernants devraient l'obéissance.

Ce que je dis, Barnave l'avait déjà dit en discutant, le 31 août 1791, les conditions de révision des constitutions : « Le peuple est souverain ; mais ses représentants peuvent seuls agir pour lui, parce que son propre intérêt est presque toujours attaché à des vérités politiques dont il ne peut pas avoir la connaissance nette et profonde. Ne l'excitez donc pas à se mêler à ces travaux par un mode dangereux pour lui ; appelons-le par sa véritable manière d'exprimer sa volonté, par les élections ; c'est en nommant l'homme en qui il a confiance, dont les lumières sont claires pour lui, dont la pureté lui est connue, qu'il exprime vraiment son vœu. C'est ainsi qu'il fait son bonheur ; tout autre moyen est absurde et insuffisant. »

Je crois peu d'une part à la souveraineté de gouvernés qui ne commandent pas, qui subissent le commandement, et d'autre part à l'autorité de gouvernants qui ont toujours à redouter les souverains et sont à la discrétion des gouvernés. L'interprétation que je repousse pour la souveraineté du peuple n'aurait-elle pas pour effet de la compromettre ?

Vous reprochez encore, et c'est un point sur lequel je reviens, à la philosophie politique française de professer que les droits de la souveraineté organisée sont illimités.

De fait la souveraineté n'ayant au-dessus d'elle aucun juge humain, détermine, sans recours, sa sphère d'action et la part de liberté des gouvernés ; mais en droit la souveraineté sociale a pour borne les droits individuels que sa mission essentielle est de garantir.

C'est bien parce que la raison et la justice doivent la dominer que l'école doctrinaire revendique pour la raison et la justice la souveraineté dont les institutions sont seulement présumées être les interprètes et les instruments.

Que l'école doctrinaire élude le problème, qu'elle ne le

résolve pas, c'est votre opinion, et je n'ai pas à la discuter ici. Ce qui est au moins certain, c'est que cette école préjuge ainsi d'une manière bien nette que la souveraineté individuelle a des titres qui ne doivent pas être absorbés par la souveraineté sociale.

Je le reconnais bien volontiers, vous êtes de ceux qui ont le plus contribué à mettre en lumière une limite plus précise, en assignant à l'Etat sa compétence, sa part d'action.

Oui, sur les traces de Guillaume de Humboldt, de Benjamin Constant, de Daunou, de John Stuart Mill, et de quelques autres, vous avez, avec un succès auquel j'ai autant que qui que ce soit applaudi, défendu le domaine de la liberté-individuelle contre les empiétements de la souveraineté sociale. Mais la question de savoir si les pouvoirs constitués peuvent cumuler le rôle de pouvoirs constituants n'est nullement liée aux principes d'après lesquels doit se faire le bornage entre les droits de l'individu et les droits de l'État.

Sans doute la constitution, et c'est là un de ses objets, proclame l'existence des droits individuels, et énumère les libertés qu'elle promet de garantir. Mais qu'importe ? Nous cherchons qui a titre pour faire ou pour amender la constitution ; nous ne recherchons pas quelles dispositions la constitution doit contenir.

N'avez-vous pas confondu ces deux questions quand vous avez écrit : « Une Assemblée unique, et qu'on proclame souveraine, s'enivre de sa puissance. Chatouilleuse et susceptible à l'excès, elle n'entend rien céder de ses priviléges. Se croyant le peuple, elle se croit tout et s'imaginerait abdiquer en se limitant. Chargez donc un pareil corps de rédiger une constitution qui réduise les attributions législatives et qui fasse une juste part au pouvoir exécutif. En 1791, on a établi ce qu'on nommait une démocratie royale, c'est-à-dire une république avec un roi fainéant, on en est arrivé rapidement à la révolution du 10 août. En 1848, on a refusé toute autorité au président de la république ; à quoi a-t-on abouti ? Sommes-nous corrigés de nos erreurs ? L'expérience et la raison nous ont-elles appris que la séparation, c'est-à-dire l'indépendance mutuelle des pouvoirs, est la première condition de la liberté ? J'en doute quand je vois avec quelle faveur on accueille une nouvelle conception politique qui, selon moi, mène directement à la révolution. Pour éviter l'usurpation, aujourd'hui peu probable, d'un président, on parle de confier le gouvernement de la France à une chambre unique, qui nommerait un président du conseil, simple agent de ses volontés, et toujours révocable. C'est le régime de la Convention, c'est l'anarchie passée à l'état d'institution. On dira que nous vivons ainsi depuis six mois; cela est vrai : nous assistons à un miracle d'équilibre; mais les miracles sont des exceptions, et généralement ils durent peu. L'accord des volontés fait autant d'honneur à la modération de l'Assemblée qu'à la prudence du président; mais est-ce là une garantie suffisante pour un peuple qui a besoin de compter sur un lendemain ? N'est-ce pas un accident heureux, un instant de calme entre deux orages ? Pour installer un gouvernement durable, il ne suffit ni de l'esprit politique d'un homme, ni du patriotisme d'une assemblée ; il faut une constitution, c'est-à-dire une loi suprême qui limite les deux grands pouvoirs de l'État et les maintienne l'un par l'autre dans le respect du peuple et de sa souveraineté.

« Pour rédiger cette constitution équitable qui rendrait à la France la sécurité et l'espoir, je crois que l'Assemblée actuelle vaut mieux qu'une Assemblée nommée dans un an ou deux, quand le pays sera fatigué du provisoire et peut-être de la république. Cependant j'avoue sincèrement que j'aurais plus de confiance dans l'avenir, si on faisait élire par le pays, je ne dis pas une Convention (le mot ferait peur), mais un comité chargé de rédiger un projet de constitution, tandis que tous les pouvoirs resteraient en place et que l'Assemblée continuerait de gouverner. Serait-il donc difficile de choisir parmi nos politiques et nos publicistes les plus estimés un petit nombre d'hommes qui, sans intérêt personnel et sans arrière-pensée, oublieraient les passions qui nous divisent pour ne songer qu'à l'intérêt de la France, pour nous préparer une constitution sage et durable ? L'œuvre n'est pas au-dessus des forces humaines ; les principes de la liberté constitutionnelle sont connus en tout pays. Ce qui empêche de les appliquer, ce n'est pas le préjugé, c'est la passion. Une assemblée de 700 députés, divisés d'opinions, d'intérêts, d'espérances, agitera le pays pendant plus d'une année par ses discussions violentes et n'aboutira qu'à une œuvre informe. Avec de l'honnêteté, du bon vouloir et un peu de patriotisme, un comité de 50 personnes rédigera en moins d'un mois une charte républicaine qui vaudra celle des États-Unis. Est-ce trop présumer de la France que de chercher chez elle un Madison, un Hamilton, un Franklin ? »

La question de la nécessité de la séparation des pouvoirs, celle de l'organisation et des attributions du pouvoir exécutif sont étrangères au problème que nous discutons. La constitution résoudra ces questions.

A qui appartient-il de faire cette constitution ? Est-ce à l'Assemblée nationale, est-ce à un comité de cinquante membres élus *ad hoc ?* Dans tous les cas, la constitution devra-t-elle être soumise à la ratification d'un plébiscite ? Voilà les points que nous examinons.

L'Assemblée nationale a-t-elle le pouvoir constituant ? Elle n'est pas un pouvoir constitué, puisqu'il n'y a pas encore de constitution, et par cette raison votre théorie ne saurait l'atteindre.

L'Assemblée est souveraine ; en effet la souveraineté n'a pas d'intermittence : or à qui appartiendrait la souveraineté, si elle n'appartenait à l'Assemblée ?

L'Assemblée n'est pas la souveraineté organisée, puisque précisément l'œuvre à faire, c'est l'organisation de la souveraineté.

Si l'Assemblée n'est pas la souveraineté organisée, la souveraineté constituée, elle est la souveraineté constituante.

Vous ne me paraissez pas très-sérieusement contester l'existence de notre souveraineté. C'est par des raisons d'inconvénients que vous nous invitez à nous borner aux soins du Gouvernement, en laissant la charge de la rédaction d'une constitution à un comité de cinquante membres qui, en moins d'un mois, nous improviserait une excellente charte républicaine.

Mais qui fixera le mode d'élection de ces constituants d'élite? Nous serions évidemment, dans votre système, appelés à faire la loi électorale nécessaire pour créer cet organisme. La foule n'est pas le peuple, dites-vous, et j'acquiesce à cette proposition ; le peuple, c'est l'ensemble des citoyens à qui est confié l'exercice du droit de vote suivant des formes définies. Nous serions aptes à faire la loi en vertu de laquelle les électeurs voteraient et les constituants seraient nommés. Nous rédigerions une constitution spéciale pour faire conférer aux cinquante élus le pouvoir de préparer une constitution définitive. Nous serions vraisemblablement inéligibles.

Quelle est la cause de toutes ces complications ou précautions? Nous sommes, dites-vous, divisés d'opinions, d'intérêts, d'espérances. Les politiques et les publicistes de votre comité ne le seront-ils pas? Quelque soit le mode d'élection, y aura-t-il parmi les électeurs unité d'opinions, d'intérêts, d'espérances; et si l'unité n'existe pas parmi les électeurs, comment se réalisera-t-elle entre les élus? Vous annoncez que ces élus feront une charte républicaine : aurions-nous qualité pour leur imposer ce mandat? Si vous ne nous reconnaissez pas qualité pour commander des institutions républicaines, quelle est la garantie que vos constituants seraient partisans de la République?

La question de savoir si la constitution doit être soumise à la sanction du peuple veut être envisagée sous deux aspects.

Votre théorie affirme-t-elle que la nécessité de cette sanction est de l'essence d'une constitution républicaine?

Affirme-t-elle seulement que la ratification populaire aurait des avantages et serait une assurance de stabilité?

Les développements dans lesquels vous entrez impliquent que votre opinion se fonde sur une raison de principe et sur une raison d'utilité.

Je me suis expliqué sur la raison de principe, et je n'ai pas admis qu'une des lois fondamentales, essentielles de la souveraineté populaire exige que l'œuvre d'une Assemblée souveraine soit soumise à la sanction des électeurs dont elle tient son titre.

Quant à la raison d'utilité, elle a plus de valeur, et je comprendrais le doute.

Cependant il est difficile de ne pas se rappeler que tout récemment l'immense majorité du pays a, dans une pensée d'ordre et de conservation, voté un plébiscite qui n'a pu prévenir la chute du Gouvernement qu'il était destiné à soutenir. Ne l'a-t-il pas plutôt, contre les prévisions générales, précipitée par la surexcitation de confiance dont il a été la source? Mais je ne veux pas insister; je détourne promptement mes regards de nos désastres et de nos ruines; je me borne à constater que la question de nécessité ou seulement d'utilité de la sanction populaire est encore étrangère au point de savoir si un pouvoir constitué et surtout un pouvoir non constitué, convoqué révolutionnairement pour clore une révolution, en en consacrant le résultat, a le pouvoir constituant. J'avoue que, pour mon compte, sur ce point, je n'ai jamais eu une hésitation. Le vote de l'Assemblée, et je m'y suis très-résolûment associé, est pour moi l'expression de la vérité.

Je vous demande presque pardon pour ces observations qui sont longues et que pourtant j'ai essayé d'abréger.

Il s'agit d'une question sur laquelle la notoriété de vos travaux vous donne une grande autorité. J'ai pensé que votre thèse, considérée en elle-même, offre des dangers, qu'elle en offre surtout dans les conditions particulières de notre existence parlementaire. Jusqu'ici les adversaires du pouvoir constituant de l'Assemblée s'étaient bornés à soutenir que notre mandat était insuffisant pour donner une constitution à la France, et ils s'efforçaient de trouver la preuve de cette insuffisance dans les circonstances au milieu desquelles l'élection était faite. Or, précisément, les circonstances fournissent un témoignage décisif en sens contraire.

A la date du 8 février, il n'existait dans notre pays aucun pouvoir régulier. Le Gouvernement de la défense nationale ne s'était emparé de la souveraineté qu'à titre précaire et par intérim. Il a offert de restituer cette souveraineté en convoquant une Assemblée qui remplacerait son pouvoir révolutionnaire par un pouvoir légal.

L'Assemblée nommée a reçu la restitution et a déjà partiellement usé de la souveraineté qu'elle tient du libre choix de la nation.

A un cri de passion qui n'a pas réussi à ameuter contre nos droits, vous substituez, Monsieur et honoré collègue, en la plaçant sous le patronage de l'école américaine, une idée dogmatique, une déduction du principe de la souveraineté populaire assez spécieuse pour séduire de bons esprits.

L'idée que vous développpez n'est pas étrangère à l'école française. Sans parler de Pétion, de M. Ledru-Rollin, Daunou dans son *Essai sur les garanties individuelles*, l'a défendue avec beaucoup de force. Elle n'apparait pas pour la première fois dans les études dont vous enrichissez la philosophie politique française. Vous l'aviez adoptée dans votre *Histoire des États-Unis*, et elle avait déjà provoqué de ma part quelques objections. Aujourd'hui elle a une actualité d'application qui, contrairement à vos intentions, j'en suis sûr, ressemble à une protestation contre une de nos plus importantes résolutions, celle par laquelle, en affirmant et exerçant tout à la fois notre droit de constituants, nous avons conféré à M. Thiers le titre de Président de la République française. Je m'honore d'avoir participé à cet acte, et voilà pourquoi en toute courtoisie, et par une lettre qui témoigne combien je redoute l'influence de votre opinion, je motive mon vote et m'efforce de le justifier.

A. BERTAULD.

AVANT-PROPOS DE L'APPENDICE

L'admiration de M. Laboulaye pour le mécanisme compliqué sans lequel une constitution ne peut recevoir la modification la plus insignifiante ou la plus urgente ne date pas d'aujourd'hui ; elle est déjà ancienne, et on en trouve le développement dans le tome III de son *Histoire des États-Unis*.

Dès 1868, dans la *Revue critique de législation*, je m'étais efforcé de montrer le côté faible des idées que l'éminent professeur voulait accréditer.

Je reproduis, sous forme d'appendice, mes observations auxquelles le temps présent me semble donner quelque intérêt. Ces observations ne font pas double emploi avec la lettre qui forme la partie principale de cette brochure.

Ma lettre a trait à l'état actuel de la France ; l'étude que j'y joins a plus de généralité. Elle a pour objet l'appréciation des avantages ou des inconvénients d'une procédure en harmonie avec l'esprit d'une constitution qui, au lieu d'accorder à la même autorité le droit de décider en dernier ressort, attribue le pouvoir suprême tantôt à un membre du corps politique, tantôt à un autre, tantôt au gouvernement central qui n'a que des pouvoirs délégués, tantôt aux gouvernements locaux qui ont tous les pouvoirs réservés. Cette complication de mécanisme, tant recommandée par M. Laboulaye, n'est-elle pas un mal quand la modification à la constitution a un caractère d'urgence ?

N'est-elle pas une cause inutile de lenteur quand la modification a peu d'importance? C'est un point que je n'ai point examiné. Je constate seulement que, d'après un publiciste anglais, d'un légitime renom, il résulte de cette complication qu'il n'y a pas de remède prompt, même pour les défauts les plus dangereux de la constitution, qu'il faut avoir recours aux fictions les plus absurdes pour déjouer l'effet des clauses mauvaises, que l'embarras dans les mouvements et la subtilité des discussions déparent la vie politique du peuple le plus franc et le plus actif qui soit sur la terre.

Je me demande d'ailleurs à qui doit appartenir le droit de résoudre, en cas de doute, le point de savoir si les autorités constitutionnelles ne font pas ce qui ne devrait être fait compétemment que par les autorités extra-constitutionnelles. M. Laboulaye a répondu dans son *Histoire des États-Unis* que ce droit appartient aux tribunaux.

Mais les tribunaux ne statuent qu'à l'occasion et dans la mesure des litiges particuliers dont ils sont saisis ; mais la jurisprudence des tribunaux n'offre aucune garantie d'unité et de fixité. Nous avons fait d'autres objections contre l'intervention des tribunaux comme médiateurs ou comme juges politiques; nous avons voulu établir que la distinction entre le législateur et le souverain était dénuée de toute sanction efficace.

La question sous cet aspect est très-distincte de la question de l'étendue des pouvoirs de l'Assemblée nationale : elle a de la parenté, mais non de l'identité avec elle.

J'ai eu l'occasion de discuter à la tribune un autre problème qui se relie au pouvoir constituant. Il s'agissait d'une demande en annulation ou en révision des décrets du Gouvernement de la défense nationale. Ces décrets devaient-ils être annulés en bloc pour cause d'incompétence et pour excès de pouvoirs, ou ne devaient-ils être abrogés qu'autant que leurs vices propres les condamnaient (*Journal officiel*, du 17 juin 1871).

C'est dans ce dernier sens que l'Assemblée s'est prononcée et elle a fait ainsi une application de la pensée de Royer-Collard : « Il n'y a dans ce monde que deux pouvoirs constituants : la conquête et les révolutions. » (*Discussion de la loi sur la presse.*) L'amendement par moi proposé et les motifs que je donnais à l'appui étaient profondément empreints de cet esprit.

M. Guizot, qui n'est guère plus révolutionnaire que Royer-Collard, avait traduit la même idée : « Toutes choses, à leur origine, sont plus ou moins l'œuvre de la force, et la force les dénature alors même qu'elle les crée............. Partout, cela est certain, la légitimité a commencé par l'usurpation, comme la liberté par l'anarchie. Mais aussi, à leur commencement, elles n'étaient ni la légitimité, ni la liberté. »

Cette idée, je la trouverais encore sous une autre formule, dans d'Aguesseau.

La question du pouvoir constituant ne m'a jamais paru oiseuse. En 1864, je l'abordais, en entreprenant, dans une étude sur Daunou, la réfutation d'une théorie qui n'est pas sans quelque affinité avec celle de M. Laboulaye (*Liberté civile*, pages 157 à 163).

Le problème à la discussion duquel des circonstances diverses m'ont attiré tant de fois n'est pas un de ces sujets qu'on épuise en quelques lignes, en quelques pages.

En rapprochant deux études séparées, moins encore par le temps que par les événements, j'ai cru que je ne m'exposais pas au reproche de tomber dans des redites.

HISTOIRE DES ÉTATS-UNIS

Par M. LABOULAYE,

Professeur au Collège de France, Membre de l'Institut.

EXAMEN CRITIQUE

Par M. BERTAULD,

Professeur à la Faculté de droit de Caen.

Aucun publiciste, si admirateur qu'il soit de la constitution des États-Unis, n'a encore jusqu'ici proposé de l'importer en France pour l'y acclimater ; ce n'est pas seulement parce qu'à raison de son origine elle nous convient moins qu'à une population dans laquelle domine le sang anglais, c'est surtout parce que l'esprit et les mœurs des Américains, et ils ne dérivent pas seulement de la race, n'escorteraient pas cette constitution et ne seraient pas transplantés avec elle ; ils ne traverseraient pas l'Océan, pour venir remplacer notre esprit et nos mœurs, et, sans l'esprit et les mœurs qui la vivifient, toute constitution est une vaine forme, une lettre morte.

Toutefois, la comparaison des constitutions diverses n'est dépourvue ni d'intérêt ni d'utilité ; elle rend au droit politique les mêmes services que la comparaison des diverses législations au droit privé.

Dans toute constitution, il y a, comme en dépôt, trois sortes d'éléments : un élément arbitraire, fortuit, dénué de cause ; un élément qui a une cause, mais une cause relative, dans la condition des personnes et de la propriété, dans la distribution des influences et de la richesse, dans les habitudes de vie, les aptitudes agricoles, commerciales, industrielles, dans l'état des croyances, des opinions, des préjugés, dans le degré de lumières, et enfin un élément, que j'appellerai philosophique, qui a une cause absolue, le besoin d'assurer de plus en plus le triomphe de la raison et de la justice.

De ces trois éléments, le premier est un témoignage de l'infirmité humaine ; le second, de sa variété ; le troisième, de sa grandeur.

Il n'y a guère que le troisième élément qui soit susceptible d'emprunt, ou du moins d'imitation.

Le premier élément, on ne saurait le méconnaître, n'a rien d'enviable. Quant au second élément, il est trop local, trop dépendant de son encadrement pour être déplacé isolément ; qui voudrait se l'approprier devrait commencer par s'assimiler ce qui l'a produit, développé, bien loin de prétendre l'en détacher. Le troisième élément, quoique son contact et son intimité avec les deux autres éléments lui fassent perdre quelque chose de sa pureté et abaissent, en l'assouplissant, son caractère, s'offre avec plus d'avantage, comme un type qu'on peut reproduire avec plus ou moins de corrections. Mais que de soin il faut dans l'observation de sa nature et de sa portée ! On ne saurait trop se mettre en garde contre toute idée préconçue, contre toute illusion, contre tout engouement ; toute préoccupation est dangereuse.

Je ne saurais me défendre de l'idée que, parmi les panégyristes ardents de la constitution des États-Unis, il en est qui se trompent et s'exposent à nous tromper, en s'enthousiasmant précisément de celles de ses dispositions que nous ne pourrions adopter, sans dévier, sans compromettre des principes que nous avons laborieusement conquis et qu'il nous importe de maintenir.

Je me borne à une indication. En ce moment, en France, il y a, parmi nos publicistes, une tendance à dénaturer le rôle de notre pouvoir judiciaire ; on voudrait, à titre de progrès, le faire sans aucune réserve, juge de l'administration et des administrateurs ; le principe de la séparation des pouvoirs est tenu pour une vieillerie avec laquelle il faut rompre ; ou s'il est encore admis comme une vérité théorique, on le rejette dans l'application. Quelques-uns vont même jusqu'à soutenir qu'il serait opportun que le pouvoir judiciaire fût, à certaines conditions, juge du pouvoir législatif.

Cette opinion invoque un précédent qui n'a peut-être pas l'autorité qu'elle lui attribue.

La constitution des États-Unis se différencie profondément des constitutions européennes, dit-on, en ce qu'elle distingue le pouvoir constituant du pouvoir constitué, le souverain du législateur. La souveraineté, en Amérique, est limitée parce qu'elle est déléguée ; ce qui n'est pas dans la délégation reste en dehors des attributions du congrès et de toute entreprise d'usurpation. En Angleterre, au contraire, et je prends pour exemple une constitution recommandée comme un modèle, la souveraineté est, à la vérité, divisée entre la Royauté, la Chambre des lords et la Chambre des communes ; mais quand les trois pouvoirs sont d'accord, ils ont, de fait, la souveraineté absolue ; leur volonté, qui est réputée celle de la nation, ne rencontre aucune limite, aucune barrière. Elle peut être tempérée par les précédents, *moribus majorum*, par l'opinion. Si elle s'arrête, elle s'arrête librement ; elle n'est pas arrêtée. En France, nos constitutions successives depuis 1789 ont consacré l'omnipotence législative. La loi du lendemain peut violer et détruire la constitution de la veille. Sans doute, la constitution de 1791 contenait une déclaration de droits qu'elle proclamait supérieurs au pouvoir, et par conséquent inviolables.

Quelle était l'efficacité de cette reconnaissance? L'inviolabilité promise était dénuée de sanction. Aucune autorité judiciaire n'a jamais été chez nous investie du droit de ne pas appliquer une loi, par le motif qu'elle entamerait les droits garantis par la constitution.

En Amérique, la Cour fédérale, qui n'a pas le pouvoir d'annuler, d'une manière générale, un bill du Congrès, qu'elle juge contraire à la constitution, a le droit et le devoir de refuser de l'appliquer dans les procès dont elle est saisie.

Ainsi, le législateur américain n'a pas le pouvoir de tout faire. Ses empiétements sont paralysés, refrénés. Ce caractère spécial de la constitution américaine, que M. Laboulaye a récemment signalé, est très-digne d'étude. — Quelle est son origine? Les causes dont il dérive n'ont-elles pas quelque chose de spécial qui les localise et les empêche de s'étendre? Théoriquement la constitution des États-Unis résout-elle d'une manière satisfaisante pour la raison le problème de la séparation du pouvoir constituant et du pouvoir constitué, de la souveraineté nationale et du pouvoir législatif? L'union américaine n'est pas une simple confédération d'États indépendants.

L'union suppose une nationalité commune, un gouvernement central, une suprématie dont tous les États unis relèvent. Si elle n'exclut pas la conservation de chacun des États qu'elle relie, la conservation de quelques-unes des prérogatives de la souveraineté, elle implique au moins l'établissement d'une souveraineté unitaire, qui borne l'indépendance de souverainetés particulières et la domine dans la sphère des intérêts de la communauté. C'est le difficile problème de ne constituer qu'un seul peuple, en n'abdiquant pas tout droit sur elles-mêmes, que treize colonies, se séparant définitivement de la métropole, par la déclaration du 4 juillet 1776, ont eu à surmonter, et auquel la constitution du 4 mars 1789 a eu pour objet, et, on peut le dire aujourd'hui, pour résultat, de faire face. Les États, bien qu'ils fissent plus que se confédérer, réservaient à leur propre souveraineté ou à la souveraineté privée des citoyens les droits dont ils ne dotaient pas la souveraineté générale qu'ils construisaient. C'est bien là ce que constate l'art. 10 des amendements à la constitution ratifiés le 15 décembre 1791.

« Les pouvoirs qui ne sont pas délégués aux États-Unis par la constitution ni interdits par elle aux États, sont réservés aux États et au peuple. »

N'est-ce pas parce qu'il y a en Amérique des souverainetés qui se meuvent ou au-dessous, ou à côté de la souveraineté centrale, qu'on a pu songer à énumérer taxativement les attributions de cette dernière souveraineté? Des colonies, devenues indépendantes, acceptent l'idée d'une union qui doit leur faire perdre une portion des droits conquis; elles ont été naturellement en mesure de dicter leurs conditions, et leur abdication n'a été que partielle.

Si le résultat annoncé, la restriction de la toute-puissance législative, est une réalité, pourrait-il se produire en dehors des faits accidentels qui en fournissent l'explication locale?

Mais le résultat auquel on applaudit n'est-il pas plus apparent que réel? La Chambre des représentants, le Sénat, le président ne sont-ils que les mandataires du peuple, strictement enfermés dans le cercle d'un mandat limité?

Envisageons la condition de ceux qui, dans le système dont la constitution des États-Unis serait l'expression rationnelle, auraient le rôle de mandants.

Ont-ils, comme un droit propre, comme un droit naturel, la souveraineté, sauf à déléguer à des pouvoirs créés par eux celles de ces prérogatives dont ils ne pourraient avec avantage, pour l'intérêt commun, garder personnellement l'exercice? Non.

Recueillons sur ce point le témoignage de M. Laboulaye :

« Qu'est-ce donc que l'électorat?

« C'est une question qui, pendant la première révolution française, embarrassa singulièrement nos pères. Sous l'influence des idées de Rousseau et de Mably, ils voyaient dans le droit électoral un droit naturel absolu, que l'homme avait apporté en société. Chaque citoyen s'étant lié par une espèce de contrat pour constituer la société, chacun avait par conséquent apporté avec soi son droit de s'occuper des affaires sociales. Cette idée est particulière à la France. Ni en Angleterre, ni en Amérique, ni dans aucun autre pays du monde, on n'a supposé que le droit électoral fût un droit naturel. On n'y a vu qu'une fonction politique que chaque peuple règle à son gré, selon l'état social du moment et dans les conditions les plus variables. »

Si l'électorat n'est pas un droit naturel, s'il est une fonction, un mandat, qui confère cette fonction, ce mandat? C'est la constitution qui détermine à quelles conditions l'électorat est acquis. C'est la constitution qui établit que la Chambre des représentants des États-Unis serait nommée par les électeurs, qui, dans chaque État particulier; nommeraient la Chambre la plus nombreuse de cet État; c'est la constitution qui a décidé que, dans chaque État, les deux

Chambres composant la législature nommeraient les sénateurs; c'est la constitution qui a décidé que des électeurs nommés *ad hoc* et en nombre égal à celui que chaque État compte de représentants et de sénateurs au Congrès fédéral, éliraient le président.

Chose singulière, la constitution, qui est la limite et la mesure du pouvoir constitué, est aussi la source et la mesure du pouvoir constituant. Ce n'est pas tout. Dans aucun pays, d'après aucune loi électorale, le peuple n'est l'ensemble des habitants; les femmes, les mineurs sont frappés d'exclusion; tout le monde n'est donc pas représenté. Il est même à remarquer qu'en Amérique, c'est encore M. Laboulaye qui nous le dit, il y a une certaine variété dans les lois électorales; les conditions de l'électorat ne sont pas les mêmes partout; les élections fédérales subissent donc les effets de cette variété. Comment dès lors affirmer que le Congrès n'a qu'un mandat circonscrit, qui est l'œuvre de la souveraineté de tous, et que le pouvoir législatif des États-Unis n'est que le serviteur du peuple qui, est le vrai souverain? Le convenu et la fiction me semblent ici avoir une aussi grande part que dans nos constitutions européennes.

J'ajoute que la constitution des États-Unis est mobile, perfectible, que des amendements peuvent modifier les conditions de l'électorat. Ces amendements peuvent s'introduire, s'ils réunissent dans chacune des deux Chambres fédérales les deux tiers des voix, et s'ils sont admis par les trois quarts des législatures des divers États. Ils trouvent encore place dans la constitution lorsque les deux tiers des législatures particulières en prennent l'initiative; ce qui force le congrès à convoquer une Convention, dont la résolution ne devient définitive qu'autant qu'elle est adoptée par les trois quarts des législatures des États.

Nous voyons toujours les pouvoirs constitués exercer une grande action sur la nature et l'étendue de ce qu'on appelle assez improprement un *mandat*.

Étrange mandat que celui où le mandataire a un plus grand rôle que le mandant !

La souveraineté sociale ne dérive pas d'un contrat ; elle s'impose parce qu'elle est une condition essentielle de toute société ; elle n'a pas toujours les mêmes dépositaires ; elle se déplace suivant les circonstances et surtout suivant les besoins.

Il est au moins oiseux de rechercher son origine ; mais il est très-utile de déterminer sa limite et surtout les moyens efficaces d'assurer le respect de cette limite.

M. Laboulaye reproche aux auteurs de la constitution de 1791 d'avoir doté le pouvoir législatif d'une souveraineté absolue, s'étendant à tous les intérêts, et cela sous le prétexte qu'il représenterait la volonté universelle, l'ensemble des volontés particulières ; tandis qu'en Amérique la souveraineté n'a qu'un domaine restreint, un domaine politique, qu'elle n'est que la volonté générale appliquée aux intérêts communs.

« Or, les intérêts communs, dit M. Laboulaye, ne sont pas tout ; il existe en dehors d'eux des droits individuels sur lesquels la volonté générale n'a pas d'empire. »

Que la constitution de 1791 n'ait pas organisé de moyens sûrs pour limiter le pouvoir législatif et l'emprisonner dans une sphère d'action plus ou moins définie, je le veux bien reconnaître ; mais j'affirme qu'elle a tenté de faire le départ entre la souveraineté sociale et la souveraineté individuelle. C'était l'objet de la célèbre déclaration des droits. — Le but n'a pas été atteint. — Soit. — Eût-il pu l'être ? — Oui, répond M. Laboulaye, qui cite l'exemple de l'Amérique.

Les Américains ont établi une autorité qui maintient dans l'obéissance le législateur lui-même. Cette autorité, c'est le pouvoir judiciaire. Aux États-Unis, le pouvoir judiciaire est un pouvoir politique, qui est la garantie de la constitution. Il n'accorde pas sa sanction aux lois qui s'écartent de cette *loi des lois, lex legum,* il refuse d'appliquer toute disposition inconstitutionnelle. Il est donc, à ce point de vue, le juge de la loi qui est invoquée contre le justiciable. — Il en est le juge, non pas d'une manière générale et en ce sens qu'il soit le maître d'en prononcer la nullité, mais dans l'espèce sur laquelle il doit statuer, et en ce sens qu'il maintient le droit qu'elle viole.

Ce pouvoir, qui bride ainsi non-seulement le pouvoir exécutif, mais le pouvoir législatif, doit réunir de bien fortes conditions d'indépendance : c'est la cour fédérale qui le personnifie. — Je demande bien vite comment et par qui sont nommés les membres de cette Cour, vigilante et invincible gardienne de la constitution. Ces importants magistrats, ces défenseurs de l'*arche sainte* doivent leur titre au pouvoir exécutif, au Président de la République, qui ne les institue qu'avec l'aveu du Sénat ; ils ne peuvent être destitués que pour faits graves déférés par la Chambre des représentants au Sénat. « Les juges fédéraux, observe M. Laboulaye, sont donc tout à fait indépendants du peuple. » Je ne le conteste point. — Sont-ils aussi indépendants de ceux dont ils tiennent leur nomination ? Voilà ce qui soulèverait le doute, si l'on ne s'attachait qu'au caractère rationnel de la garantie, si l'on faisait abstraction du milieu dans lequel elle est établie, si l'on ne comptait sur l'esprit et les mœurs du pays auquel elle s'applique.

M. Laboulaye lui-même nous apprend qu'on avait d'abord projeté de faire nommer les magistrats par le Sénat, sans le concours du Président, et qu'on abandonna cette idée parce que *le Sénat aurait mis la justice entre les mains d'hommes à lui*, et qu'il y aurait eu là un élément autre qu'un élément de gouvernement.

C'est encore M. Laboulaye qui écrit : « *Justice et politique n'ont rien de commun.* » J'entends cette proposition en ce sens que si la politique doit se subordonner à la justice, la justice ne doit en rien relever de la politique, et que, si le législateur ne peut appliquer la loi qu'il fait, le juge ne peut guère être placé au-dessus de la loi, dont l'application lui est confiée. Un pouvoir appelé à contenir le législateur, à réprimer ses empiétements, ne peut-il être tenté d'empiéter lui-même? S'il abuse de sa compétence et paralyse des lois constitutionnelles, quels seront le remède et le frein?

Je lis aussi dans M. Laboulaye : « Les Américains ont, par un sentiment très-juste, décidé que leurs magistrats ne feraient pas partie de leurs Assemblées, et dès qu'un homme est nommé juge, il se retire complétement de la vie active. » N'est-ce pas faire entrer par une autre porte le magistrat dans la vie active que le faire arbitre des controverses dont le pacte constitutionnel est l'objet?

Sous notre ancienne monarchie, les parlements, en France, revendiquaient et exerçaient quelquefois un droit de *veto*; ils se présentaient aussi comme les gardiens des lois fondamentales. Ils paralysaient, par le refus d'enregistrement, le pouvoir législatif de la royauté. N'ont-ils pas souvent entravé l'action bienfaisante et l'esprit progressif du pouvoir, dont ils avaient la prétention d'empêcher les abus?

Ce qu'enseigne M. Laboulaye sur la valeur de l'organisation, aux États-Unis, de la justice, comme pouvoir politique, obscurcit pour moi la théorie de l'ingénieux publiciste sur la souveraineté sociale.

Je lis dans la leçon qu'il consacre aux constitutions françaises : « Nous avons donc besoin d'aller à l'école de l'Amérique pour apprendre qu'une constitution n'est pas une confiscation de la vie nationale au profit d'une ou deux chambres, mais simplement une loi qui, réservant la souveraineté et ne la déléguant jamais dans son entier, organise les pouvoirs publics dans les limites déterminées, et voit, dans ces limites, les garanties de la liberté. »

Je comprends que c'est le peuple qui est souverain, qu'il élit des serviteurs et non des maîtres, qu'il ne délègue que l'exercice d'une partie de ses droits, ceux qu'il ne peut exercer par lui-même et directement, mais que la souveraineté elle-même est incessible.

Dans une autre leçon, la leçon sur le pouvoir judiciaire, M. Laboulaye critique Jefferson, parce qu'il *pensait que le peuple n'est souverain qu'à la condition que tous les fonctionnaires reviennent à certaines époques devant lui.*—Il reproche à cette opinion, qui est celle des logiciens à outrance, de confondre deux choses distinctes : le pouvoir du peuple et la liberté.

« Dire qu'un peuple peut tout faire, ajoute-t-il, cela ne veut pas dire qu'un peuple soit libre, et l'on peut être certain que plus on donne un pouvoir actif au peuple, moins il a de liberté. Vous pouvez donner au peuple un rôle actif, lui créer des occupations constantes dans son gouvernement; vous ne lui donnerez pas pour cela la liberté. — Le pouvoir du peuple n'est que le règne d'une majorité, ce n'est pas le règne de la liberté. »

J'acquiesce à toutes ces judicieuses remarques, qui ne sont que la tradition des idées de Montesquieu. Seulement, j'arrive à cette conclusion que la liberté et la souveraineté populaire sont deux choses distinctes, qui peuvent se concilier sans doute, mais qui, suivant les temps et les lieux, peuvent s'exclure.

M. Laboulaye a ainsi parlé pour justifier le principe de l'inamovibilité du juge :

« Si l'inamovibilité judiciaire doit donner la meilleure justice possible, comment peut-il y avoir une souveraineté qui soit contraire à la meilleure justice possible? Quel droit au monde peut empêcher un peuple de se faire rendre la justice de la meilleure façon possible? »

M. Laboulaye n'a-t-il pas à craindre que des logiciens, sans être des logiciens à outrance, lui objectent que si, eu égard aux circonstances, le meilleur législateur est celui qui ne tient pas son pouvoir d'un mandat populaire, mais celui qui n'est élu que par un très-petit nombre d'électeurs, devant leur titre au privilége de la fortune, aucun droit au monde ne peut empêcher un peuple de se laisser faire des lois de la meilleure façon possible?

Ce que je voudrais dire seulement, c'est que l'organisation de la souveraineté sociale n'est soumise à aucune forme fixe; qu'elle ne s'identifie pas, quel que soit le mode suivant lequel elle est établie, avec la liberté dont la protection est le but légitime; qu'elle ne dépend invariablement que de la raison et de la justice, qui n'ont pas toujours et partout les mêmes procédés pour prévaloir; que si la délégation populaire du pouvoir législatif est, dans certaines conditions de civilisation, un efficace moyen de garantir les droits individuels et incessibles de l'homme, ce moyen n'a rien d'absolu, d'exclusif, qu'il est lui-même plein de variété et d'élasticité dans ses applications. En d'autres termes, la souveraineté sociale, permanente et nécessaire dans son principe, est contingente dans son expression. Absolue de fait, parce qu'il est nécessaire que les questions puissent être résolues définitivement, elle ne l'est pas de droit, puisqu'elle est faillible. Sans doute le juge américain ne juge la loi qu'incidemment à un litige, et seulement dans les limites des nécessités de ce litige ; il ne prend pas l'offensive contre la loi ; il est obligé en quelque sorte de l'attendre, de la laisser venir à lui ; il n'a sur elle qu'un pouvoir indirect, pour un cas particulier, dans un intérêt individuel, et parce que ce cas particulier, cet intérêt individuel réclame une solution. Placé entre la loi et la constitution, mis en demeure d'appliquer l'une ou l'autre, le juge américain a le droit et le devoir de préférer la constitution à la loi. Il semble donc qu'il ne sort pas de ses attributions judiciaires, et après tout, s'il interprète mal la constitution, en sacrifiant la loi, le peuple, c'est-à-dire le Congrès où la majorité des États triomphera de la mauvaise interprétation par un changement dans la constitution. Le pouvoir constituant restera donc au-dessus du pouvoir judiciaire.

Qu'importe que le juge n'ait pas d'initiative contre la loi, et qu'il ne puisse aller au-devant d'elle, armé d'un pouvoir absolu de destruction ? Faible, il restera en deçà de son droit et de son devoir ; fort, il ira au delà. Quant au remède, la révision ou l'amendement de la constitution contre les empiétements judiciaires, c'est un remède extrême et pourtant assez peu efficace, si le juge garde toujours, pour les contestations dont il sera saisi, une autorité supérieure à celle du Congrès.

Enfin, n'avons-nous pas vu que l'appel au pouvoir constituant n'était qu'un appel à un pouvoir constitué lui-même par la constitution ?

Paris. — Imprimerie de J. Dumaine, rue Christine, 2.